Inhalt

Online-Publikationen - Open Access als neue Strategie der Publizierung wissenschaftlicher Schriften

Kernthesen

Beitrag

Fallbeispiele

Weiterführende Literatur

Impressum

GENIOS WirtschaftsWissen Nr. 02/2007 vom 06.02.2007

Online-Publikationen - Open Access als neue Strategie der Publizierung wissenschaftlicher Schriften

M. Westphal

Kernthesen

- Wissenschaftliche Fachzeitschriften sind so teuer, dass viele Universitätsbibliotheken ihre Abonnements abbestellen.
- Die Verbreitung wissenschaftlicher Fachartikel nimmt ab und sie sind daher nur noch den finanziell gut ausgestatteten

Forschern und Forschungseinrichtungen zugänglich.
- Das Internet entwickelt sich ähnlich wie im Bereich Enterteinmant-Content als neue Plattform für die kostengünstige Verbreitung von wissenschaftlichen Fachartikeln.
- "Open Access" heißt die neue Strategie der kostenfreien, und damit demokratischen, Verbreitung von wissenschaftlichen Forschungsergebnissen.

Beitrag

Es finden sich immer mehr Anhänger, die im Internet frei zugängliche ("Open Access") Wissenschaftsmagazine befürworten. Diese treffen allerdings nicht bei jedem Fachverlag auf Gegenliebe. (12)

"Open Access" ist eine Strategie zur kostenfreien Publikation wissenschaftlicher Artikel

Mit "Open Access" wird die für jeden frei zugängliche

Publizierung von Forschungsergebnissen im Internet bezeichnet. Diese Strategie unterscheidet für Wissenschaftler zwei optionale Vorgehensweisen. Zum einen können die Autoren für die Publikation ihrer Schriften in Online-Zeitschriften bezahlen. Das Modell "green road access" hingegen soll bereits geprüfte und schon in anderen Medien erschienene Publikationen nochmals für den kostenlosen Zugriff im Internet veröffentlichen. Ziel dieser Strategie ist die kostenlose Veröffentlichung von Forschungsergebnissen im Internet. Die relevanten Open-Access-Zeitschriften können im Internet unter der Adresse www.doaj.org eingesehen werden. Ebenso gibt es im Internet eine Datenbank, die alle Verlage mit ihren jeweiligen Zeitschriftentiteln und entsprechenden Open-Access-Regelungen umfasst. Diese kann unter der Adresse www.sherpa.ac.uk/romeo.php abgerufen werden. (2)

Die teuren Fachzeitschriften verhindern eine freie Kommunikation zwischen Wissenschaftlern

Früher beugten sich Wissenschaftler im Rahmen ihrer Forschungsarbeit über dicke Bücher. Bibliotheken

hüteten die entsprechende Literatur. Neue Forschungsergebnisse wiederum fanden sich nahezu ausschließlich in teuren Fachzeitschriften, die nur Experten zur Verfügung standen. Das Internet hat hier für ein neues Kräftespiel gesorgt. (12)
Der bisher herrschende "Wissenskapitalismus" wird von Rebellen des Informationszeitalters bekämpft, indem freier Zugang zum akademischen Elfenbeinturm für alle gefordert wird, Jeder sollte Zugang zu Forschungsergebnissen haben und das weltweit - jederzeit und kostenlos. Natürlich wird das von wissenschaftlichen Verlagen anders gesehen, da diese sich in ihrer Existenz bedroht fühlen. (10)
Die Wissenschaft muss wieder zu den Wissenschaftlern zurückgeführt werden, ohne die Störung durch wirtschaftliche Interessen von Verlagen. Monografien, die inzwischen schon bis zu 2 000 Euro teuer sind, verhindern eine freie Kommunikation zwischen Wissenschaftlern, da ein breiter Zugang zu den entsprechenden Werken nicht möglich ist. (11)

Die abnehmende Verbreitung von wissenschaftlichen Fachzeitschriften zwingt Forscher

zu neuen Publikationsstrategien

Einige Forscher verfolgen neue Strategien bei der Publikation ihrer Forschungsergebnisse. Der wesentliche Grund hierfür liegt in dem häufig sehr hohen Preis wissenschaftlicher Fachzeitschriften und der damit inzwischen abnehmenden Verbreitung dieser, da vielen Universitätsbibliotheken das Geld für die Beschaffung ausgeht. Universitätsbibliotheken verabschieden sich zusehends von Fachzeitschriften-Abonnements. In Internetzeitschriften publizierte Forschungsergebnisse waren und sind häufig nur gegen hohe Gebühren abrufbar.
Forschungsergebnisse, die oft mit Hilfe staatlicher Gelder finanziert wurden, müssen dann erneut mit staatlichen Mitteln von Universitätsbibliotheken gekauft werden.
Das teure Geld der Zeitschriften-Abonnements landet nicht etwa bei den Autoren, sondern bei den wissenschaftlichen Fachverlagen. Um nun aber Forschungsergebnisse einem breiten Kreis zur Verfügung zu stellen, wird mit Open Access eine Strategie verfolgt, die die freie Veröffentlichung aller Ergebnisse im Internet verfolgt. (3), (7)
Ein gutes Beispiel für die kostenlose Bereitstellung von Wissen ist das Internetportal Wikipedia. In dieser Online-Enzyklopädie wird Grigori Perelmans als "Initiator" der Open-Access-Erfolgsgeschichte angeführt. Im Gegensatz zu der üblichen Publikation

in einem renommierten Wissenschaftsmagazin wie "Science" oder "Nature" hat der russische Mathematiker eines der größten ungelösten Probleme seines Fachs, nämlich den Beweis der Poincaré-Vermutung in einem Onlinearchiv einer amerikanischen Universität zum freien Zugriff veröffentlicht. So hat er sich auch gegen das so genannte Peer Review als wissenschaftliches Kontrollverfahren zur Prüfung von Forschungsergebnissen ausgesprochen. (3)
Derartige Open-Access-Veröffentlichungen sind in aller Munde. Damit soll der Zugang zu wissenschaftlicher Forschung verbessert werden, indem diese für deren Nutzer entgeltfrei im Internet bereitgestellt wird. (3)
Als Folge der "Berliner Erklärung" aus dem Oktober 2003 haben die Deutsche Forschungsgemeinschaft (DFG), die Max-Planck-Gesellschaft und auch alle anderen großen Wissenschaftsorganisationen einen eigenen Open-Access-Beauftragten berufen, um ihrer aus dieser Erklärung resultierenden Forderung, der Publikationspraxis nach dem "Prinzip des offenen Zugangs", Nachdruck zu verleihen. (3)

Hochschulen engagieren sich stark im Aufbau der Open-Access-

Strategie

Auch Hochschulen beginnen sich verstärkt für die Einführung der Open-Access-Strategie einzusetzen. So hat sich die Universität Stuttgart für die Einführung des "grünen Wegs" entschieden. Dieses verlangt aber gerade bei den Wissenschaftlern Überzeugungsarbeit. So befürchten viele von ihnen, dass sie dann keine Chance mehr haben, in einer der großen und renommierten Zeitschriften zu veröffentlichen. Aber diese Befürchtung basiert auf Unkenntnis, da die meisten wissenschaftlichen Verlage ihnen die freie Veröffentlichung mit einer Frist von sechs Monaten nach Erstveröffentlichung erlauben. (3)
Diese Frist ist allerdings vielen Forschern zu lang. Außerdem werden ihnen von Seiten der Verlage viele bürokratische und auch finanzielle Hürden in den Weg gestellt, wenn sie ihre Arbeiten auch auf Open-Access-Server stellen wollen. (7)
In Stuttgart bedeutet es konkret, dass Wissenschaftler ihre begutachteten Arbeiten auf dem wissenschaftlichen Publikationsserver der Universität oder einem anderen geeigneten fachspezifischen Server ablegen und damit den freien Zugang für alle ermöglichen. (3)
Bisher sind die Naturwissenschaftler bereits deutlich vertrauter mit dem "Open-Access-Medium" als z. B. die Geisteswissenschaftler, bei denen Online-

Publikationen weniger verbreitet sind. Ziel der Universität ist in den kommenden fünf bis zehn Jahren, die Anzahl der veröffentlichten Forschungsarbeiten sukzessive zu erhöhen. (3), (7) Für Universitätsbibliotheken wird damit der Zugang zu Informationen einfacher und vor allem auch kostengünstiger. Zwar gibt es noch keine monetären Hochrechnungen, aber wissenschaftliche Artikel, die heute über die Datenbank Elsevier für 35 Euro bezogen werden können, könnten dann direkt und kostenlos bezogen werden. (3)

Die wissenschaftlichen Fachverlage starten mit Gegenstrategien, um ihr Geschäftsmodell zu sichern

Der Verlagsverband "Association of American Publishers" (AAP) hat Gerüchten zufolge den PR-Spezialisten Eric Dezenhall engagiert, um Open-Access zu diskreditieren. Dezenhall soll sich in seiner Arbeit auf so genannte Open-Access-Verlage wie die Public Library of Science oder BioMed Central sowie das staatliche US-amerikanische National Institute of Health mit seiner Online-Bibliothek PubMed Central konzentrieren. (12)

Er soll am Qualitätsanspruch der etablierten Journale im Vergleich zu den neuen Online-Herausgebern ansetzen. Allerdings prüfen viele Online-Verlage genauso gewissenhaft wie die großen Verlage, legen ihre Verwaltungskosten aber auf die jeweiligen Autoren um, sofern die Kosten nicht von Sponsoren übernommen werden. (12)

Die Frage des Urheberrechts muss im Zusammenhang mit dem internetbasierten Open Access überdacht werden

Das Urheberrecht soll den Urheber eines Werkes schützen. Der Schutz bezieht sich dabei auf das Persönlichkeitsrecht wie auch die kommerziellen Interessen des Urhebers. Die zunehmende Digitalisierung und Vernetzung hat aber das Interessengefüge zwischen Urhebern, Rechteverwertern und Endnutzern erheblich beeinflusst. (10) Im Rahmen der Neugestaltung des Urheberrechts hat die Bundesregierung vorgeschlagen, die staatlich festgelegten pauschalen Vergütungssätze im Rahmen der "Urheberrechtsvergütung" abzuschaffen. Die Bundesregierung setzt auf eine einvernehmliche

Regelung zwischen Geräteindustrie und den Vertretern der Urheber. Dieser Vorschlag trifft zwar auf Zustimmung bei der Geräteindustrie, trifft aber auf der anderen Seite beim Deutschen Kulturrat, dem Börsenverein des Deutschen Buchhandels und der Initiative Urheberrecht auf Bedenken, da eine Schlechterstellung von Künstlern und Autoren befürchtet wird. (1)
Der so genannte "zweite Korb" der Gesetzesnovelle zum Urheberrecht aus dem März 2006 führt aber auch zu Kritik aus dem Bundesrat, der eine bildungs- und wissenschaftsfreundlichere Ausgestaltung des Urheberrechts anmahnt. So würden die Regelungen zu einer Verknappung und Verteuerung des Zugangs zu Wissen führen. Innovationen als Grundlage wirtschaftlichen Wachstums würden verhindert. Der Bundesrat fordert daher, dass Autoren sich Open-Source-Verwertungsmodelle zu Nutzen machen dürften und damit den Inhalt eines Fachwerkes in nichtkommerziellen Zusammenhängen nach einer Frist von sechs Monaten nach Erstveröffentlichung anderweitig veröffentlichen dürfen. (10)

Fallbeispiele

Die Linguistic Society of America (größte Gesellschaft für Sprachwissenschaftler) entschied sich vor kurzem zur Herausgabe eines linguistischen Open-Access-E-Journals, welches sämtliche Artikel kostenlos zur Verfügung stellt. Sämtliche eingereichten Artikel gehen nach ihrer Prüfung direkt online - was zum ersten Mal einem demokratischen Prozess entspricht. Denn die Beiträge sind gleichzeitig für den Professor in England und den Bauern in China verfügbar. Außerdem wird hierdurch der wissenschaftliche Diskurs gefördert, da zu jedem Artikel digitale Kommentare abgegeben werden dürfen. Das Jahresbudget dieser Initiative beläuft sich auf 150 000 Euro und wird finanziert von der Linguistic Society of America, dem Wissenschaftsministerium NRW, dem Lehrstuhl Anglistik der Universität Düsseldorf, der Universitätsbibliothek Düsseldorf und dem Hochschulbibliothekenzentrum NRW. (5)

Im Rahmen der Bemühungen um eine urheber- und wissenschaftsfreundliche Ausgestaltung des "Zweiten Gesetzes zur Regelung des Urheberrechts" wurde auch die vom Bundesrat vorgeschlagene Einführung einer Open-Access-Klausel in § 38 UrhG-E diskutiert. (6)

Die seit 1999 schon bestehende Zeitschrift "Forum Qualitative Sozialforschung" (FQS) wird von der DFG zu den wichtigsten Open-Access-Zeitschriften

gezählt. Diese Zeitschrift verdankt ihren Ruf dem durch aufwendiges Peer Review erreichten hohen Qualitätsstandard. Das Renommee wird auch durch den international besetzten Wissenschaftlichen Beirat gestützt. (7)
Zwar gibt es für FQS noch keinen Impact-Faktor - also die Maßzahl, wie häufig die Zeitschrift in anderen Blättern zitiert wird - doch spielt bei qualitativen Sozialforschern dieser Gradmesser bisher ohnehin keine Rolle. (7)
Darüber hinaus hat FQS noch ein System zur Qualitätssicherung eingeführt, welches zum traditionellen Peer Review die Aufsätze vor der eigentlichen Veröffentlichung zur Diskussion ins Internet stellt und sie damit für einige Wochen zu einem interaktiven Peer Review freigibt. So werden von den Forschern nur Arbeiten eingereicht, von denen sie auch wirklich überzeugt sind und die keine Plagiate darstellen. Die Autoren zahlen für die Veröffentlichung zwischen 23 und 68 Euro pro Zeitschriftenseite. (7)

Im Oxford Journal sind Ergebnisse aus drei Studien zu finden, die die Auswirkungen von Open Access auf Autoren, Leser, Gebrauch und Zitierweise untersuchen. (8)

Es gibt Online-Fachzeitschriften, die sich mit der Open-Access-Initiative beschäftigen, Bücher rezensieren, relevante Artikel publizieren wie auch entsprechende Konferenz-Reporte. Zu diesen Zeitschriften gehören das D-Lib Magazine oder auch Ariadne sowie netConnect. (9)

Der Potsdamer Universitätsverlag hat inzwischen 300 Titel im Angebot, die bequem per Bestell-Button im Internet geordert werden können. Schlichte aber robuste Ausstattung und eine Lieferzeit von nur wenigen Tagen ermöglichen Preise zwischen acht und 18 Euro. Der Verlag kann und will mit diesem Angebot keinen Gewinn machen. (11)

Ende Januar dieses Jahres fand in Berlin der Kongress "Open Access und Urheberrecht" statt. Er beschäftigte sich mit der Frage, wie das Urheberrecht in Zeiten des Internets besser geschützt werden kann. Gerade im Bereich der wissenschaftlichen Publikationen trifft diese Frage auf offene Ohren. (13)

Die zwölf Hochschulverlage in Deutschland sehen sich als politische Gründung, die ein Zeichen setzen will gegen die ständig steigenden Preise der wissenschaftlichen Verlage. (4) Immer mehr Unis leisten sich derartige Verlage, um nicht in Bedrängnis zu geraten, vom Steuerzahler finanzierte Forschungsergebnisse teuer von Verlagen wieder zurückzukaufen. Viele dieser Verlage würden am liebsten nur online publizieren, aber viele möchten immer noch ein Buch in der Hand haben. Und so gibt es neben der Online-Veröffentlichung immer auch eine kleine Druckauflage. Die Online-Artikel sind häufig aktueller als die Artikel der Print-Zeitschriften. (4), (9) Kleinserien von Print-Publikationen können schon ab einer Auflage von 50 Exemplaren in den hauseigenen Druckereien kostengünstig erstellt werden. (11)

Auch die großen Wissenschaftszeitungen veröffentlichen mittlerweile online. Allerdings muss hierfür je Artikel bis zu 25 Euro bezahlt werden. Und der Leser weiß leider häufig erst hinterher, nachdem das Geld gezahlt ist, ob der Artikel überhaupt weiterhilft. Um gegen das Renommee etablierter Verlage zu bestehen, hoffen die jungen Universitätsverlage, dass in Zukunft Forscher dazu verpflichtet werden, sich an Open Access zu beteiligen. Verständlicherweise trifft dieser Ansatz aber auf Gegenwehr bei den kommerziellen Verlagen. (4)

Es kann keinem Wissenschaftler in Deutschland vorgeschrieben werden, dass er seine Arbeiten auch online zur Verfügung stellt. Die grundgesetzlich verankerte Freiheit von Forschung und Lehre verbietet, einem deutschen Professor vorzuschreiben, in welcher Form er seine Arbeiten veröffentlicht. (7)

Die DFG unterstützt die Digitalisierung von Schrift-, Bild- und Tonquellen und ihre Veröffentlichung im Internet. (3)

Weiterführende Literatur

(1) O.V., Bundestag: Anhörung des Rechtsausschusses zum "Zweiten Korb", CR Computer und Recht 1/2007, S. R5
aus "Computerwelt" Nr. 41 / 2006 vom 03.10.2006

(2) Open Access
aus Stuttgarter Zeitung, 08.12.2006, S. 18

(3) Freier Zugang zu Fachartikeln
aus Stuttgarter Zeitung, 08.12.2006, S. 18

(4) Unis gründen eigene Verlage - aus Protest gegen teure Bücher
aus Rheinische Post Nr. vom 22.11.2006

(5) Linguistik: Gratis im Internet
aus Rheinische Post Nr. vom 08.11.2006

(6) O.V., Arbeitsgruppe Bildung und Forschung berät "Zweiten Korb", CR Computer und Recht 11/2006, S. R125-126
aus Rheinische Post Nr. vom 08.11.2006

(7) Forschungsergebnisse zum Nulltarif Wissenschaftler publizieren häufiger im Internet.

Richtig attraktiv ist das aber noch nicht
aus Berliner Zeitung, Ausgabe 250 vom 26.10.2006, S. 17

(8) Preliminary findings from open access experiments released. Oxford Journals
aus Computers in Libraries, United States (COMPINLI), 26 (2006) 9 page 45

(9) Keeping up with keeping up. tech tips for every librarian
aus Computers in Libraries, United States (COMPINLI), 26 (2006) 9 page 52

(10) Urheberrechtsreform: Noch Änderungsbedarf
aus Deutsches Ärzteblatt 42/103 vom 20.10.06 Seite 2781

(11) O.V., Die virtuelle Alternative / Der Universitätsverlag Potsdam will auf der Frankfurter Buchmesse für einen "freien Zugang" zu wissenschaftlicher Literatur werben, Potsdamer Neueste Nachrichten, 22.09.2006, S. 31
aus Deutsches Ärzteblatt 42/103 vom 20.10.06 Seite 2781

(12) O.V., Papierimperium hetzt gegen freies Web, Spiegel Online, 29.01.2007
aus Deutsches Ärzteblatt 42/103 vom 20.10.06 Seite 2781

(13) Völlig ungeschützt?

aus Süddeutsche Zeitung, 24.01.2007, Ausgabe Deutschland, S. 14

Impressum

Online-Publikationen - Open Access als neue Strategie der Publizierung wissenschaftlicher Schriften

Bibliografische Information der deutschen Nationalbibliothek

Die Deutsche Nationalbibliothek verzeichnet diese Publikation in der deutschen Nationalbibliografie; detaillierte bibliografische Daten sind im Internet über http://dnb.d-nb.de abrufbar.

ISBN: 978-3-7379-0325-7

© 2015 GBI-Genios Deutsche Wirtschaftsdatenbank GmbH, Freischützstraße 96, 81927 München, www.genios.de

Alle Rechte vorbehalten. Dieses Werk ist einschließlich aller seiner Teile – z.B. Texte, Tabellen und Grafiken - urheberrechtlich geschützt. Jede Verwertung außerhalb der Grenzen des Urheberrechtsgesetzes bedarf der vorherigen Zustimmung des Verlags. Dies gilt insbesondere auch für auszugsweise Nachdrucke, fotomechanische Vervielfältigungen (Fotokopie/Mikroskopie), Übersetzungen, Auswertungen durch Datenbanken oder ähnliche Einrichtungen und die Einspeicherung und Verarbeitung in elektronischen Systemen.